Bibliografische Information der Deutschen Nationalbibliothek
Die Deutsche Nationalbibliothek verzeichnet diese Publikation in der Deutschen Nationalbibliografie; detaillierte bibliografische Daten sind im Internet über http://dnb.d-nb.de abrufbar.

Das Gesamtprogramm von Butzon & Bercker finden Sie im Internet unter www.bube.de

MIX
Papier | Fördert gute Waldnutzung
FSC® C020056

ISBN 978-3-7666-3692-8

Hoogeweg 100, 47623 Kevelaer, Deutschland
www.bube.de

Umschlag, Layout und Satz:
Finken & Bumiller, Stuttgart
Abbildungen: © stas111 – stock.adobe.com

Maximilian H. Theissen

Beschützer

Butzon & Bercker

GEBETE-TO-GO

Ewiger Gott,
bitte hilf.

Vorwort

Viele Menschen sorgen sich heut-
zutage wegen des Klimawandels und treten für mehr Klimaschutz ein. Und ja, die Bewahrung der Schöpfung ist wichtig. Lasst uns aber auch unsere Verbindung zum Schöpfer bewahren.

Gott ist der beste Beschützer. Und Gott möchte uns so gerne beschützen.

Ewiger Schöpfer,
Du lebst
und Du wirkst.

Du allein bist allmächtig.

#almighty

[allmächtig]

Ja, Herr.

Du kannst Dinge
aus dem Nichts
erschaffen.

Halleluja.

#holyspirit

[Heiliger Geist]

Vielen Dank
für all Dein Tun.

Alles möge sich so ereignen,
wie es Dir gefällt.

Amen.

#accepted

[angenommen]

Ich
habe Dich
hoffentlich so lieb
und bin Dir
hoffentlich so dankbar.

#commitment

[Hingabe]

Bitte hilf mir,
von Dir
und mit Dir
zu lernen.

#learning

[Lernen]

Sei Du mit uns
in diesem Moment.

Ewiger Gott,
Du mit uns.

#presence
[Anwesenheit]

Auch der edelste Autolack
kann durch den einfachsten
Schraubenzieher
sehr leicht beschädigt werden.

Ja, Herr.

Auch wir sind
sehr verwundbar.

#vulnerable

[verletzlich]

Manche Verwundungen
unserer Mitmenschen
sehen wir.

Andere
sehen wir nicht.

Du, o Herr,
siehst sie alle.

#empathy
[Einfühlungsvermögen]

Wir sind
mehrfach
verwundbar.

Du bist
einfach
wunderbar.

#glorious

[herrlich]

Wir wissen,
dass auch der längste Weg
mit dem ersten Schritt beginnt.

Doch in welche Richtung
sollen wir gehen?

Schenke Du uns
Orientierung.

#alignment

[Ausrichtung]

Ewiger Schöpfer,
Du bist seit jeher.

Lass mich
nicht verzagen
in diesen Tagen.

#ease

[Leichtigkeit]

Du
bist größer,
als
wir
Dich denken
können.

#inconceivable

[unvorstellbar]

Ein Kreuz tragen.
Etwas ertragen.

Wirklich nicht schön.

Vielleicht aber notwendig.

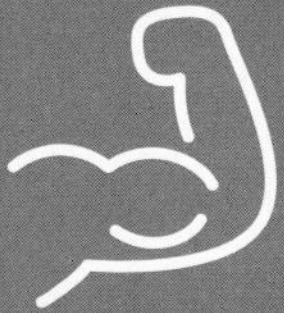

#abide

[aushalten]

Ich muss nicht alles wissen.
Denn Du weißt alles.

Ich muss nicht alles verstehen.
Denn Du verstehst alles.

Danke.

#knowledge

[Wissen]

Ich bin begrenzt.

Du bist allmächtig.

#confined

[begrenzt]

Ich glaube,
dass Du
immer bei mir bist.

Bitte hilf mir,
dass auch ich
immer bei Dir bin.

#together

[gemeinsam]

Meine letzte Heimat
ist hoffentlich bei Dir, o Gott,
im Himmel.

#heaven

[Himmel]

Mit Dir
möchte ich gehen.
Ob mit Kreuz.
Ob unterm Kreuz.
Immer mit Dir.

#cross
[Kreuz]

Neu lernen.

Weiter lernen.

Nie zu Ende lernen.

#rethinking

[Umdenken]

Du siehst das,
was ich sehe.

Und das,
was ich sehe,
ist ein Bruchteil von dem,
was Du siehst.

Du siehst
nicht einen Ausschnitt.
Denn Du siehst alles.

#insight

[Einsicht]

Mit Deinem Sehen
können wir
weitergehen
und noch
weiter gehen.

#proceed

[vorangehen]

Wir bedürfen des Schutzes.

Und so
empfehlen wir uns
Deiner Obhut an.

Danke,
dass wir
Deinen Schutz
genießen.

#trust

[Vertrauen]

Du bietest uns Schutz.

Du gewährst uns Schutz.

Du nimmst uns in Schutz.

Und ich?

Ich applaudiere.

Ich juble.

Ich tanze.

#sheltered

[behütet]

Unter Deinem Schutz gehen wir.

Schritt für Schritt.
Tag für Tag.

Ein Leben lang.

#preservation

[Bewahrung]

Mein Leben
möchte ich Dir hinhalten
und Dir übergeben,
o Gott.

#entrust

[anvertrauen]

Ja, Herr.

Bitte hilf mir,
dass ich meine eigenen Schwächen
und die meiner Mitmenschen
in rechter Weise annehme.

#indulgence
[Nachsicht]

Ja, Herr.

Bitte hilf mir,
dass ich alle Unvollkommenheiten
dieser Welt in rechter Weise
annehme.

Sie mögen
meinen Fokus auf
das ewige Leben bei Dir
und meine Sehnsucht danach
stärken.

Das ewige Leben bei Dir ist perfekt.

#imperfect

[unvollendet]

Nachwort

Ich hoffe, dass die Kurzgebete zusammen mit den jeweiligen schlichten Illustrationen und Impulsbegriffen Räume schaffen können, um mit Gott ins Gespräch zu kommen. Es ist doch wunderbar, wenn wir in der Kürze und Einfachheit auch eine Dichte und Tiefe erfahren dürfen.

Das vorliegende Buch „Beschützer“ ist Teil der Buchreihe „Gebete-to-go“.